Aire contaminado

Angela Royston

Heinemann Library
Chicago, Illinois

Customer Service **888-454-2279**

Design: Joanna Hinton-Malivoire
Picture research: Melissa Allison, Fiona Orbell and Erica Martin
Production: Duncan Gilbert
Printed and bound in China by South China Printing Co. Ltd.
Translation into Spanish by DoubleO Publishing Services

12 11 10 09 08
10 9 8 7 6 5 4 3 2 1

ISBN-10: 1-4329-2016-2 (hc) -- ISBN-10: 1-4329-2022-7 (pb)
ISBN-13: 978-1-4329-2016-6 (hc) -- ISBN-13: 978-1-4329-2022-7 (pb)

Library of Congress Cataloging-in-Publication Data

Royston, Angela.
[Polluted air. Spanish]
Aire contaminado / Angela Royston.
p. cm. -- (Proteger nuestro planeta)
Includes index.
ISBN 978-1-4329-2016-6 (hbk.) -- ISBN 978-1-4329-2022-7 (pbk.)
1. Air--Pollution--Juvenile literature. 2. Atmosphere--Juvenile literature. I. Title.
TD883.13.R69 2008
628.5'3--dc22
2008031496

Acknowledgements
The publishers would like to thank the following for permission to reproduce photographs: © Alamy pp.**16** (David Robertson, **11** (moodboard), **23** (Paul Glendell), **20** (Philip Bigg), **12** (Tom Uhlman); © Corbis pp.**22**, **25** (Abode, Beateworks), **27** (Andrew Fox), **7** (moodboard), **24** (Paulo Fridman), **26** (Roger Ressmeyer); © Ecoscene pp.**17** (Erik Schaffer), **6** (Fritz Polking); © Getty Images p.**13** (Photodisc); © Panos pp.**15** (Dermot Tatlow), **29** (Mark Henley), **10** (Simon Horton); © Pearson Education Ltd p.**19** (David Rigg); © Photolibrary pp.**14**(Japack Photo Library), **5** (Nordicphotos), **28** (Rob Cousins), **21** (Schmuel Thaler); © Science Photo Library p.**4** (Tom Van Sant, Geosphere Project, Santa Monica); © Still Pictures p.**8** (F.Herrmann).

Cover photograph of traffic in winter reproduced with permission of © Masterfile (Gary Gerovac).

Contenido

Algunas palabras aparecen en negrita, **como éstas**. Puedes averiguar sus significados en el glosario.

¿Qué es el aire?

El aire es una mezcla de gases que rodea nuestro planeta: la Tierra. El aire no se puede ver, pero se puede sentir cuando vuelas una cometa o cuando corres.

La delgada capa de aire alrededor de la Tierra se muestra en color azul brillante.

Las nubes están compuestas de minúsculas gotas de agua suspendidas en el aire. El aire se extiende a lo largo de varias millas por encima de las nubes. El aire se hace menos denso mientras más lejos esté del suelo.

¿Por qué es importante el aire?

El **oxígeno** es uno de los gases que se encuentran en el aire. Los seres vivos necesitan oxígeno para vivir. Los animales respiran oxígeno para obtener la energía que necesitan para moverse.

Más rápido corre un animal, más oxígeno necesita respirar.

El **dióxido de carbono** es otro gas presente en el aire. Los seres humanos y otros animales exhalan dióxido de carbono.

¿De dónde proviene el oxígeno?

Las plantas generan **oxígeno** cuando elaboran su propio alimento. Sus hojas absorben **dióxido de carbono** del aire. Emplean la luz solar para transformar el dióxido de carbono y el agua en alimento para plantas.

Las hojas elaboran alimento para las plantas.

Cuando las plantas elaboran su alimento, también producen oxígeno. El oxígeno se escapa hacia el aire. Esto crea más oxígeno para que los animales respiren.

Las plantas usan el agua, la luz solar y el dióxido de carbono del aire para elaborar su alimento.

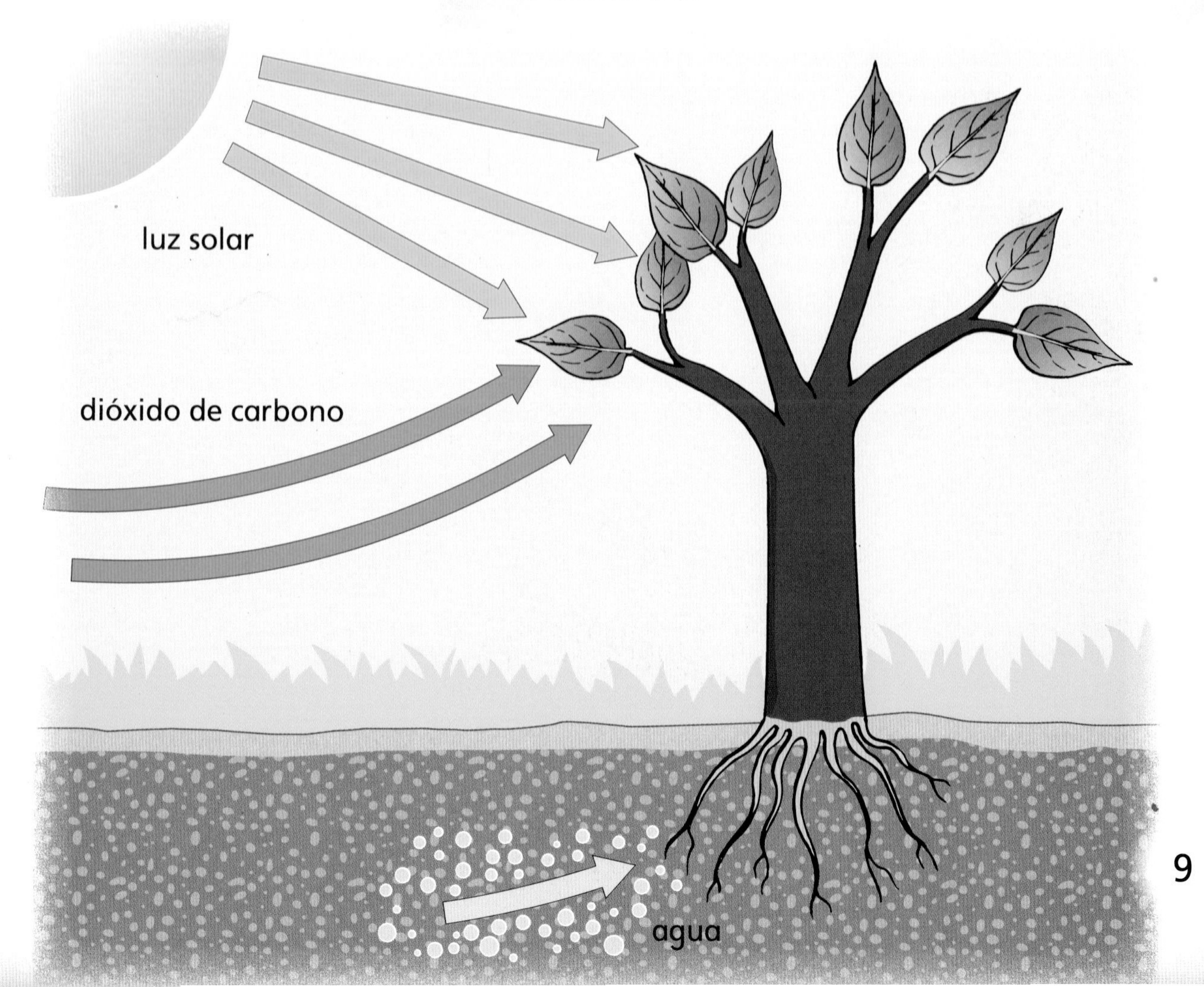

¿Qué es la contaminación del aire?

El polvo y otros elementos nocivos que se encuentran en el aire reciben el nombre de **contaminación** del aire. El aire de las ciudades generalmente está más **contaminado** que el del campo. Los vehículos, las fábricas y las **centrales eléctricas** producen la mayor parte de la contaminación.

En algunas grandes ciudades se puede observar una nube de contaminación sobre sus edificios.

Este niño está inhalando medicamento para el asma.

Si el aire está muy sucio, las personas pueden enfermarse. También pueden tener dificultades para respirar. El **asma** es una enfermedad que dificulta la respiración. Las personas con asma pueden sufrir un ataque de asma si el aire está muy contaminado.

¿De qué modo contaminan el aire los vehículos?

Los aviones, los automóviles, los camiones y otros vehículos tienen motores que queman **combustible** para funcionar. Casi todo el combustible deriva del **petróleo**. Cuando los vehículos queman combustible, crean gases de **desecho**.

Los automóviles liberan gases de desecho en el aire.

Los gases de desecho escapan hacia el aire, se mezclan con éste y lo **contaminan**. Los gases de desecho incluyen el **dióxido de carbono** y varios gases venenosos.

Otras causas de la contaminación del aire

La mayoría de las fábricas y **centrales eléctricas** generan **contaminación** del aire. Las fábricas elaboran una gran variedad de artículos. Por ejemplo, juguetes, ropa, automóviles e, incluso, algunos alimentos. Muchas fábricas crean **desechos químicos** que **contaminan** el aire.

La contaminación del aire que se muestra aquí proviene de una fábrica.

El carbón utilizado por las centrales eléctricas se obtiene de las profundidades de la Tierra.

Las centrales eléctricas generan **electricidad**. Usamos la electricidad para iluminar nuestras habitaciones y hacer funcionar televisores, computadoras y otras máquinas. La mayoría de las centrales eléctricas queman **combustible**, como el carbón o el **petróleo**, para generar electricidad. La quema de carbón y petróleo produce gases de desecho que contaminan el aire.

Lluvia contaminada

Los gases de **desecho** de las fábricas y las **centrales eléctricas** se elevan hacia el aire. Luego se mezclan con las gotas de agua que forman las nubes. Esto produce una lluvia **contaminada**. A veces la lluvia también contiene **hollín** y otros contaminantes.

La mitad de este edificio se limpió. La otra mitad todavía está negra por el hollín y la suciedad de la lluvia.

La lluvia ácida ha derruido parte de la piedra esculpida de esta pared.

La lluvia contaminada se llama **lluvia ácida**. La lluvia ácida daña edificios. También puede matar árboles. Cuando la lluvia ácida alcanza los lagos, puede causar la muerte de peces y otros animales.

La capa de ozono

La **capa de ozono** es una capa del gas ozono, que se encuentra sobre las nubes. La capa de ozono nos protege contra los rayos perjudiciales del sol.

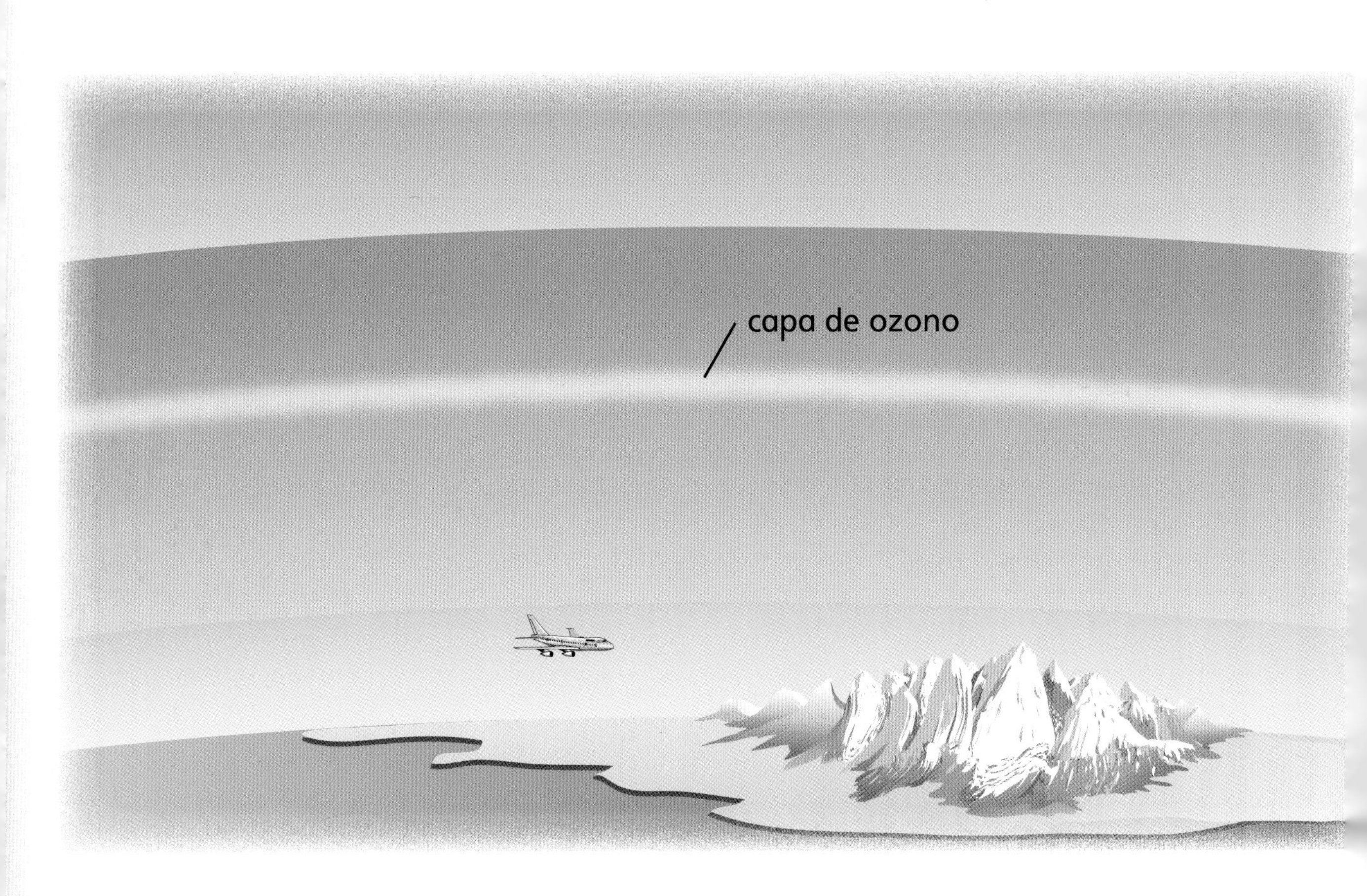

Algunas de las **sustancias químicas** que se utilizan para hacer funcionar los refrigeradores pueden dañar la capa de ozono.

Cierta **contaminación** del aire destruye parte del ozono de la capa de ozono. Cuando se destruye el ozono, la capa de ozono se hace más delgada. Entonces, no nos protege del sol de la misma forma.

Automóviles menos contaminantes

Los científicos buscan nuevos modos de reducir la **contaminación** del aire. Están fabricando vehículos que producen menos contaminación. Algunos vehículos funcionan con **gas natural**. El gas natural produce menos contaminación que la gasolina derivada del petróleo.

Este taxi funciona con gas natural.

Estos automóviles tienen
motores eléctricos.

Otros vehículos tienen un **motor eléctrico** que no necesita gasolina. Los automóviles **híbridos** tienen un motor eléctrico y un pequeño motor de gasolina. Generan menos contaminación que los automóviles convencionales.

Maneras de generar electricidad sin contaminar

Actualmente, se están construyendo nuevos tipos de **centrales eléctricas** que producen menos **contaminación**. Utilizan la luz solar, el viento o el agua corriente para generar **electricidad**.

Estos paneles usan la luz solar para generar electricidad.

Las personas pueden ayudar a generar electricidad sin generar contaminación. Una pequeña **turbina eólica** en el techo de un edificio puede producir suficiente electricidad para hacer funcionar luces y computadoras en el interior.

Fábricas menos contaminantes

En la actualidad, algunas fábricas son menos contaminantes. Producen menos **contaminación** del aire, ya que atrapan la suciedad y los gases de **desecho** antes de que lleguen al aire.

Esta fábrica genera menos contaminación del aire.

La campana extractora sobre esta cocina es un filtro que limpia el aire.

Las fábricas atrapan la suciedad al **filtrar** los gases de desecho. Un filtro funciona como un filtro de café. Atrapa las partículas que son demasiado grandes para atravesarlo.

Eliminación de la basura

Los habitantes de los Estados Unidos producen mucha basura. Cuando se quema la basura, el aire **se contamina**. Algunos de los gases son venenosos.

Toda esta basura se transporta para ser quemada.

El plástico, el papel, el metal y el vidrio pueden recolectarse para ser reciclados.

Una manera de reducir la **contaminación** del aire es producir menos basura. Esto se puede lograr si compramos cosas sin mucho empaquetado. También se puede colaborar **reciclando** tanta basura como sea posible.

Cómo evitar la contaminación del aire

Hay varias cosas que puedes hacer para evitar respirar el aire **contaminado**. Cuando camines o andes en bicicleta, trata de evitar las calles transitadas. Elige las calles y rutas secundarias.

En algunos lugares, existen senderos especiales para ciclistas. Esto les permite mantenerse alejados de las calles más transitadas.

En lugares muy **contaminados,** las personas se colocan máscaras para no respirar el aire contaminado.

Algunos países trabajan para limitar la cantidad de contaminación que producen. Establecen límites para la cantidad de contaminación que las fábricas y **centrales eléctricas** pueden generar. Mientras más personas trabajen juntas para reducir la contaminación, más limpio será nuestro aire.

Glosario

asma enfermedad que puede dificultar la respiración

capa de ozono capa de gas ozono que nos protege contra los rayos del sol

central eléctrica edificio donde se produce electricidad

combustible sustancia como gas, madera o carbón que se quema para generar calor, luz o energía

contaminación suciedad, gases de desecho o desechos químicos

contaminar ensuciar

desechos cosas que se eliminan porque ya no se necesitan

dióxido de carbono uno de los gases del aire

electricidad forma de energía que se usa para hacer funcionar máquinas

filtrado uso de un cedazo fino para separar los sólidos, como la suciedad, de un líquido o un gas

gas natural gas que se quema con facilidad y se utiliza como combustible

híbrido mezcla de dos o más cosas

hollín polvo negro que se genera con la quema de carbón u otros materiales

lluvia ácida lluvia que destruye las hojas y erosiona los edificios

motor eléctrico motor que usa electricidad para hacer funcionar algo

oxígeno uno de los gases del aire

petróleo líquido que se quema con facilidad y se utiliza como combustible

producto químico sustancia de la que están formadas las cosas

reciclado procesamiento de materiales usados para darles una nueva utilidad

turbina eólica máquina que genera electricidad mediante aspas que giran por el viento

Descubre más

Lectura adicional

Smith, Viv. *I Can Help Clean Our Air*. New York: Franklin Watts Ltd, 2001.

Fix, Alexandra. *Plastic*. Chicago: Heinemann Library, 2007.

Sitios Web para visitar

www.epa.gov/kids/air.htm
Este sitio web te informa acerca de la contaminación del aire y lo que puedes hacer para matener el aire limpio.

Índice